Werner Jungbeck

Der Eisbär schwitzt

Werner Jungbeck

Der Eisbär schwitzt

... und andere Zoogedichte für Groß und Klein

Mit Illustrationen von **Christiane Jungbeck**

Bibliografische Information der Deutschen Nationalbibliothek:
Die Deutsche Nationalbibliothek verzeichnet diese Publikation in der Deutschen Nationalbibliografie;
detaillierte bibliografische Daten sind im Internet über http://dnb.ddb.de abrufbar.

ISBN 978-3-96103-461-1

www.rediroma-verlag.de
18,95 Euro (D)

Für Birk und Sven, die eigentlich noch lustiger sind als die Tiere!

Inhalt

Unter einer großen Linde

Unter einer großen Linde
grast das Zebra mit dem Kinde.

Sie sind hungrig, weil ihr Pfleger,
der Herr Heger, ein ganz Träger,
heute Morgen nicht dran dachte,
also gar kein Futter brachte.

Somit müssen sie jetzt grasen
wie gemeine Osterhasen,
bis sie nicht mehr hungrig sind,
nicht die Mutter, nicht das Kind.

Unter einer großen Linde
grast das Zebra mit dem Kinde.

(In memoriam Heinz Erhardt)

C.J.

Bananenkrieg

Auf dem Berg der Paviane
gibt es Streit um die Banane.
Der Chef der Horde insistiert,
dass die Südfrucht ihm gebührt.
Nicht alle teilen diese Meinung
und so entsteht soziale Reibung.

Da schnappt ein Männchen sich die Frucht.
Es kreischt und dann beginnt die Flucht.
Alle rennen hinterher
und brüllen: „Los, Banane her!"
Der Flüchtende verliert – verdammt –
das krumme Ding aus seiner Hand.

Platsch! – Da liegt's im Wassergraben.
So kann es schließlich keiner haben.
Und die Moral von dem Gedicht:
Bananenkriege lohnen nicht!

Betrachtungen über den Vogel Strauß (Erste Version)

Der Vogel Strauß sieht nicht so aus,
als wär er Einstein oder Gauß. –
Ist das so tragisch?

Sein Kopf ist nämlich winzig klein,
da passt nur wenig Hirn hinein. –
Muss kein Nachteil sein!

So gar nicht schön ist sein Gesang,
jedoch sein Hals ist endlos lang. –
Ist doch schon etwas!

Apart ist auch sein Federkleid.
Es ist so schön, mich packt der Neid. –
Gleich geh ich shoppen.

Die Läuferbeine sind stahlhart.
Er rennt damit wie ein Gepard. –
Also fast so schnell!

Zusammenfassend sage ich:
Ein toller Vogel, sicherlich! –
Schon beeindruckend!

(In memoriam Robert Gernhardt)

Betrachtungen über den Vogel Strauß (Zweite Version)

Gäbs unter Tieren einen Gauß,
es wäre kaum der Vogel Strauß!
Denn dessen Kopf ist viel zu klein,
da passte so viel Grips nicht rein!
Dafür hat er ganz lange, feine,
superschnelle Läuferbeine.
Vielleicht sind sie es ja gewesen,
die Vorbild waren für Prothesen,
die man bei Paralympics sieht,
mit denen man als Läufer fliegt.

Wenn es wirklich an dem war,
dann wird wieder einmal klar:
Ein Zoobesuch ist nicht nur heiter,
nein, er bringt die Menschheit weiter!
Und was ist mit dem Vogel Strauß?
Nun, dem macht es gar nichts aus,
wenn ich ihn so, auf diese Weise,
als Element des Fortschritts preise.
Er stolziert durch sein Gehege,
pickt nach Dingen auf dem Wege.

Das kugelrunde Flusspferd

Das Flusspferd, das ist kerngesund,
ist wohlgenährt und kugelrund.
Die Öhrchen wackeln hin und her:
„Wo bleibt das Futter? Bringt es her!“
Schon kommt der Pfleger schnell heran,
mit Früchten, fünfzig Kilogramm!
Das Hippo frisst sie alle auf.

Am nächsten Tag, was logisch ist,
das Flusspferd schon viel dicker ist.
Doch sperrt es auf sein Riesenmaul:
„Gebt mir das Futter! Seid nicht faul!“
Schon läuft der Wärter rasch herbei
und bringt Melonen, drei mal drei.
Das Hippo frisst sie alle auf.

Am dritten Tag, man ahnt es schon,
sieht’s Flusspferd aus wie ein Ballon.
Träge wirkt es und sehr müde,
dennoch fordert es ganz rüde:
„Schnell! Das Fressen her! Ich darbe!“
Der Pfleger reicht die Futtergabe.
Das Hippo, es frisst alles auf.

Am vierten Tag, das ist nicht schön,
muss man das Hippo leiden seh‘n.
Es frisst nochmal ein halbes Brot,
platzt und ist dann mausetot.
Doch halt: Ich hab‘ euch angelogen,
geflunkert, aus den Fingern gesogen!
Das Flusspferd, das ist kerngesund,
ist wohlgenährt und kugelrund.

(In memoriam Heinrich Hoffmann)

Das Pinselohrschwein

Dies Schweinchen hat ein Pinselohr.
Es kommt in der Natur so vor.
Ob es damit besser hört?
Ich kenn keinen, der drauf schwört.
Vielleicht sollt‘ ich das Tier mal fragen.
Ich fürchte nur, es wird nichts sagen.

Das stoische Krokodil

Im Zoo, da liegt ein Krokodil.
In einem Tümpel, nicht im Nil!
Das ist dem Tier jedoch egal.
Es hat auch keine andre Wahl.

Das Walross

Sein Schnauzbart, der ist sehr markant.
Die weißen Säbelzähne sind
gefährlich. Das sieht jedes Kind.
Und massig ist es, ein Gigant!

An Land tut es sich eher schwer,
doch schwimmt es wirklich ganz brillant,
um nicht zu sagen, elegant.
Drum liebt es auch das weite Meer.

Ich mag es, dieses große Tier
und lasse es mir nie entgeh‘n,
die Fütterung und Show zu seh‘n,
um zehn, um eins und auch um vier.

Der Eisbär schwitzt

Der Eisbär hat ein dickes Fell,
drum schwitzt er immer ziemlich schnell,
besonders wenn die Sonne brennt,
was er so ja gar nicht kennt.

Der Elch hat Geburtstag

„Weil der Elch Geburtstag hat,
feiern wir!“, blökt laut das Yak.

„Ganz genau, das machen wir!“,
quiekt begeistert der Tapir.

„Ich sorge für die Deko,“
verspricht der grüne Gecko.

„Und ich für die Kapelle!“,
wispert die Gazelle.

„Gibt es denn auch gutes Bier?“,
fragt voll Gier das Stinketier.

„Ich trinke lieber Fanta!“,
knurrt missgelaunt der Panther.

„Fanta, Bier, Cola und Wein
kaufe ich ein“, grunzt das Schwein.

„Und ich besorge dazu Chips“,
ergänzt ein Affe namens Fips.

So konnte die Party dann steigen.
Es wurde ein fröhliches Treiben.

(In memoriam Joachim Ringelnatz)

Der graue Buddha

Der Elefant ist nicht versessen
auf viel Stress. Er stapft gemessen
auf dem ausgetret'nen Wege
durch sein häusliches Gehege.

Der Rüssel schwingt, die Ohren fächeln
und der Riese scheint zu lächeln.
So wie ein Buddha scheint er mir,
reinkarniert als Rüsseltier.

Der faszinierende Papagei

Ein knallrotbunter Papagei
sieht uns, fliegt sofort herbei
und legt tatsächlich auch ein Ei.
Spaß! – Das tut der Vogel nicht!
Aber immerhin: Er spricht.

„Lora, Lora!“, kreischt er laut.
Wir sind davon total erbaut
und bleiben deshalb lange steh’n,
bis sechs, dann wird es Zeit zu geh’n!

Der Geier

Ein Vogel sitzt auf einem Pfahl,
krummer Schnabel, Schädel kahl,
schwarze Federn, weißer Kragen:
Ich könnt' auch einfach „Geier" sagen.

Er ist nicht hübsch, vital und bunt,
wirkt irgendwie nicht ganz gesund,
wie er auf dem Stab dort kauert,
mit kaltem Blick auf etwas lauert.

Ich frag mich, falls man es nicht wüsste,
ob man dann nicht denken müsste,
wenn man den Geier so betrachtet,
dass der nach toten Tieren trachtet.

Gilt auch bei Menschen und bei Tieren:
Bitte nicht diskriminieren!
Hier sagt das Äuß're doch etwas,
nämlich: Dieses Tier frisst Aas!

Der Gepard

Der Gepard, das ist bekannt,
kommt oft schnell daher gerannt.
Ein Wimpernschlag: von null auf hundert!
Dafür wird er sehr bewundert!
Bei Olympia wär's Gold,
deutlich noch vor Usain Bolt.

Im Zoo sieht man ihn selten sprinten.
Meist liegt er unterm Baum, da hinten!
Es bewegt sich nur der Schwanz,
auch nur die Spitze, nicht mal ganz.
Der Betrachter zieht den Schluss:
Dieses Tier rennt nur, wenn's muss.

Der kranke Bär

Der Braunbär fühlt sich heute schlapp.
Er kriegte wohl 'nen Virus ab.
Schlaff sitzt er auf dem Hosenboden,
kriegt auch die Arme kaum gehoben.

Ganz traurig geht sein Blick ins Leere:
„Ach, wenn ich doch gesünder wäre!"
Mein Bärchen, zeige Zuversicht,
denn ewig leben Viren nicht!

Der Leu

Groß und mächtig, majestätisch
liegt der Löwe dort entspannt.
Leu, so nennt man ihn poetisch,
König im Savannenland.

Seine Mähne, gelb und prächtig,
das Insignium der Macht,
schüttelt er und reckt und streckt sich.
Welch ein Anblick! Welche Pracht!

Mit den bernsteinfarb'nen Augen
starrt er mich durchdringend an.
Ob die zu Hypnose taugen?
Beinahe glaube ich daran.

Seine Muskeln, seine Sehnen
zucken und bewegen sich.
Jagen liegt ihm in den Genen.
Gerne jagte er wohl mich.

Dann beruhigt das Tier sich wieder,
wendet seinen Blick von mir,
legt sein Löwenhaupt jetzt nieder,
für den Mittagsschlaf um vier.

(In memoriam Friedrich Schiller)

Der traurige Panther

Wenn der Panther traurig ist,
läuft er hin und her.
Denn hinter Gitterstäben
ist das Leben schwer.

Wenn der Panther traurig ist,
läuft er hin und her.
Und wenn er dann noch traurig ist,
läuft er eben mehr.

Die Moral von dem Gedicht:
Immer hilft Bewegung nicht!
Doch zumindest ist das Laufen
gesünder als viel Korn zu saufen!

(In memoriam Heinz Erhardt)

Der Wächter

Im zugewies'nen Habitat
reckt sich ein kleiner Wachsoldat,
und sollte er Gefahr entdecken,
ruft er: „Erdmännchen, verstecken!"
Im Nu ist dann die ganze Schar
verschwunden, einfach nicht mehr da!

In subterranen Gängen
werden sie sich drängen,
bis die Gefahr vorüberzieht,
es offiziell Entwarnung gibt.
Dann zieht es sie sogleich nach oben,
zum Spielen, Fressen, Kuscheln, Toben.

Allein das treue Wächterlein
nimmt wieder seinen Posten ein,
blickt mal nach Osten, mal nach Westen.
Es ist für alle ja zum Besten.
Noch zehn Minuten muss er wachen,
dann wird es jemand anders machen.

Der wissende Schimpanse

Wie schaut mich der Schimpanse an?
Als ob er über mich was wüsste!
Vielleicht, dass ich mal dringend müsste!
Wie hat er es erkannt! Woran?

Er lächelt auch so maliziös,
als ob er dies noch lustig fände.
Seine Mimik spricht da Bände.
Das macht mich schon ein wenig bös'!

Ich geh jetzt einfach mal aufs Klo,
dann hat sich's ausgelächelt! – So!

Die Giraffe

Auf langem Hals ein kleines Köpfchen
mit Zapfen, die nach oben ragen,
ein Krönchen, könnte man auch sagen,
und Augen wie aus tausend Tröpfchen.

Mit sanft geschwung'nen schwarzen Wimpern
und langen, schlanken, ranken Beinen,
um die selbst Models sie beneiden,
scheint sie mir gerade zuzuzwinkern.

Wie sie im gelb-braunen Kleid
mit Eleganz vorübergleitet,
majestätisch, ganz sacht, langsam schreitet,
bin ich zur Huldigung bereit.

Gefährliche Schönheit

Kennt ihr die schwarz-gelbe Katze,
groß, gestreift, mit schwerer Tatze?
Sie sieht euch an, mit Raubtierblick,
dann faucht sie, legt die Ohr'n zurück.
Der Schwanz zuckt nervig hin und her.
Die Selbstbeherrschung fällt ihr schwer.

Tiger nennt man dieses Wesen,
gilt, so hab' ich es gelesen,
als größte Katze auf der Welt.
Gefährlich, wild: Das Tier gefällt.
Und doch, ich bin ganz ehrlich froh
über den Wassergraben! – So!

Friedrich, der niedliche Waschbär

Dieser Waschbär, er heißt Friedrich,
ist so unwahrscheinlich niedlich,
dass man ihn gern streicheln will.
Alles muss er untersuchen,
grad' die Eckern von den Buchen,
und nur selten sitzt er still.

Jetzt bemerkt er eine Vase,
die dort steht im hohen Grase,
weil ein Pfleger sie dort ließ.
Friedrich wuselt blitzesschnelle
zu der interessanten Stelle,
denn er fragt sich: „Was ist dies?"

Schon steht er auf seinen kleinen,
doch recht kurzen Hinterbeinen
und schaut oben übern Rand
in die leere Blumenvase,
schnuppert eifrig mit der Nase,
voller Neugier, ganz gebannt.

Mit Elan und noch recht heiter
rutscht er oben immer weiter
mit dem Oberkörper rein,
alldieweil er hinten strampelt
und wild in der Luft rumhampelt.
Wäre er nur nicht so klein!

Friedrich ist jetzt mit der Nase
angelangt am Grund der Vase.
Hilflos zappelt er herum,
kann nicht raus und auch nicht weiter.
Panisch ist er, nicht mehr heiter!
Bauz! – Da fällt die Vase um.

Damit endet die Bedrängnis.
Friedrich flieht aus dem Gefängnis.
Glimpflich also ist der Schluss.
Dieser Waschbär namens Friedrich
ist so ungemein possierlich,
dass man ihn gern haben muss.

Die Rache des Berbers

Ein Berberäffchen auf dem Baum,
das döst, und man kann ahnen:
Es träumt und frisst in seinem Traum
sehr leckere Bananen.

Der freche Kevin läuft herbei,
bewirft das Tier mit Steinen
und zieht Grimassen noch dabei.
Er zählt zu den Gemeinen!

Der Bursche neckt in einem fort.
Dabei mampft er Bananen.
Der Affe denkt: „Den Frechdachs dort,
den muss ich mal verwarnen.“

Er springt mit einem großen Satz
dem Jungen auf die Lenden.
Und die Bananen, ratz und fatz,
die kann er dann entwenden.

Schon sitzt er wieder auf dem Baum
und lässt es sich gut schmecken.
Der Kevin wird in Zukunft kaum
noch einmal Affen necken.

Ein rätselhafter Katta

Neulich im Duisburger Zoo
lief ein Gespräch etwa so:

„Guck mal da: ein Katta!
Vater, sag, was hat er?
Er blickt so traurig drein.
Was mag der Grund wohl sein?"

Vater konnte es nicht sagen
und sie konnten niemand fragen.
Also kriegten sie's nicht raus,
gingen dann frustriert nach Haus.

Ein übellauniges Nashorn

Das Nashorn ist recht aggressiv.
Sein Blick sagt deutlich: Ich will Beef!
Das Urweltmonster stampft und schnaubt.
Jetzt prescht es los, sodass es staubt,
nimmt Fahrt auf Richtung Panzerglas.
Und deshalb werde ich ganz blass,
steh‘ ich doch direkt dahinter!
Erleb‘ ich wohl den nächsten Winter?
Das Tier bremst ab und stoppt den Lauf.
Erleichtert atme ich da auf.
Verachtung wird mir nun zuteil,
es zeigt mir nämlich ‘s Hinterteil
und – beginnt zu urinieren!
Das sind ja tierische Manieren!

Nashorn trifft Tarzan

Das Nashorn schaut recht angespannt,
hat Tarzan wohl in mir erkannt
und fürchtet nun, dass ich es frage,
ob es mich wohl nach Hause trage.

Füttern verboten

Von Neugier getrieben springen gleich sieben
Äffchen mit Totenkopfgesicht
auf einen Ast, der beinah‘ bricht.
Sie drängeln. Sie schieben. Süß, diese Lieben!

Mit ganz großen Augen schau‘n sie herüber,
fragend, mit viel Hoffnung im Blick,
auf ein Stück Obst, am besten dick,
voll Saft und ganz süß, mit Honig darüber!

Zu gern würd‘ ich ja den Kleinen was geben.
Leider jedoch gilt ein Verbot.
Auf einem Schild steht, weiß auf rot:
„Nicht füttern, denn das gefährdet ihr Leben!“

So blick‘ ich sie nur traurig an
und sag mit leiser Stimme dann:
„Nein, von mir könnt ihr nichts haben.
Schließlich will ich euch nicht schaden!“

C.J.

Pampashasen

Ich sitz‘ vor dem Gehege,
wo die Pampashasen grasen,
Nager mit sehr stumpfen Nasen.
Sie sind nicht gerade rege.

Dort hocken sie ganz stille,
mümmeln, ruhen in der Sonne,
offensichtlich voller Wonne.
Ich putze meine Brille.

Pinguin-Malheur

Der Pinguin, das ist bekannt,
ist an Land nicht elegant.
Unbeholfen watschelt er
Richtung Wasser oder Meer.
Die Flossen dienen der Balance
und der inn'ren Contenance.

Am Wasser schließlich angekommen,
scheint sein Mut etwas zerronnen.
Sehr vorsichtig sondiert er nun:
„Wo kann ich einen Kopfsprung tun?"
Er reckt den Hals in Richtung Nass:
„Mhm, von hier springen? Das wär krass!"

Da plötzlich rutscht das Tierchen weg
und mit einem Riesenschreck
purzelt es vom Block herunter,
platscht ins Wasser und geht unter.
Doch das ist überhaupt nicht schlimm,
denn hier gehört der Kleine hin.

Zwei, drei Schläge mit den Flossen,
schon kommt er rasend angeschossen,
taucht in einem großen Bogen
nach rechts, nach links und dann nach oben.
Wir sehen ihm die Freude an
und freuen uns auch selbst daran.

Schweinediät?

Das Schwein hat einen Hängebauch.
Macht nie Diät! Das sieht man auch!
„Gesundheitlich nicht ideal!“,
doziert der Tierarzt, Dr. Schmal.

Es ist dem Schweinchen einerlei.
Zu dick? Was ist denn schon dabei?
Ob mit, ob ohne Wellness-Food,
entscheidend ist, man fühlt sich gut!

Dem Schwein dort ist es sonnenklar:
Das Leben ist zum Schlemmen da!
Es geht um Sinnlichkeit, Genuss.
Diäten bringen nur Verdruss.

Tropentraum

Was macht den Flamingo aus?
Rosa ist er, sieht gut aus!
Ins Auge fällt sein schlankes Bein.
In Gruppen steht er, nie allein.

Glänzend, schwarz, mit einem Knick,
fängt sein Schnabel meinen Blick.
Der Vogel ist schön anzuschau’n.
Er ist ein echter Tropentraum!

Vom Winde verweht

Der Macho-Hahn, wie man ihn kennt,
im bunten Disco-Glitzer-Hemd.
Die Brust geschwellt, den Kamm gewellt,
gibt er den großen Hahn von Welt,
stolziert mit langem Schritt herum,
guckt dabei aber reichlich dumm.

Er selbst meint, er sei wundervoll.
Die Hennen finden's nicht so toll.
Sie lachen über diesen Hahn:
nur Dummheit, Stolz und Größenwahn!
Er ist schön bunt, ganz zweifelsfrei,
doch legt er nie auch nur ein Ei.

Verachtet fühlt sich da der Mann,
mächtig schwillt der rote Kamm.
Er will jetzt irgendetwas machen,
damit die Glucken nicht mehr lachen.
Mit Anlauf holt er Luft und kräht,
doch sein Kikeriki wird vom Winde verweht.

C.J.

Alt-Achtundsechziger

Der Orang-Utan muss, ich schwör,
ganz dringend einmal zum Frisör.
Mit seinem langen, roten Haar,
das auch verfilzt ist, hier und da,
erinnert er mich doch ganz schwer
an einen Achtundsechziger.
Insofern wär' es zeitgemäß,
wenn er sein Haar mal schneiden ließ.
Dann säh' er flotter aus, modern,
und ich hätt' ihn nochmal so gern.

Wer hat Angst vorm bösen Wolf?

Wölfe heulen dort im Chor.
Laut! Es schmerzt in meinem Ohr.
Schaurig klingt's und ist doch nur
Zeichen wölfischer Natur.

Wär' ich jetzt allein im Wald,
würde mir vor Angst ganz kalt.
Panik käme plötzlich auf.
Stimmen flüsterten: „Los, lauf!"

Und schon sprintete ich los,
rutschte aus auf nassem Moos.
Sofort wär die Meute da,
würd' mich fressen. Das wär klar!

Quatsch! - Ich bin ja hier im Zoo.
Hier passiert mir nichts und so
werd ich einfach weitergeh'n,
mir ein andres Tier anseh'n.

Wüstenschiff

Das Trampeltier kann lange laufen,
auch wenn's kein Wasser kriegt zum Saufen.
Drum, wo es wenig Wasser gibt,
ist es als Lastentier beliebt.

Man kann auch sehr gut auf ihm reiten,
durch Wüsten und in trocknen Breiten.
Zu Recht als Wüstenschiff bekannt,
kriegt's niemals einen Sonnenbrand.

Mein Fazit lautet: Ein ganz prima
Nutztier für sehr heißes Klima!

Kobra

Im Zoo lebt auch eine Kobra,
die ist im Grunde ganz froh da.
Sie bekommt eine Maus
täglich frei Haus
und liegt ansonsten nur so da.

Gorilla-Story

Aufrecht und mit breiter Brust
thront der Gorilla selbstbewusst
auf einem Baumstumpf und trägt Sorge,
dass aus seiner Affenhorde
alle sich korrekt verhalten,
Weibchen, Junge und die Alten.

Ein kleines Äffchen nähert sich
dem Chef und denkt: „Dich ärg‘re ich!“
Es zupft den King an seinem Fell
und läuft dann weg, ganz flink und schnell.
Weil dies ja gar so einfach war,
probiert er es gleich noch einmal.

Doch plötzlich explodiert King Kong,
packt den Kleinen voller Zorn
und schleudert ihn mit großer Wucht,
sodass er hoch fliegt durch die Luft.
Der Frechdachs kreischt total entsetzt,
jedoch er landet unverletzt.

Und die Moral von der Geschicht‘:
Ärg‘re Silberrücken nicht!

Im Rausch der Farben

Welch eine Farbenexplosion
im tropischen Aquarium!
Zitronengelb, gold und orange,
agavengrün, blau und auch blanche!
Du findest hier fast jede Art,
von Feuerfisch bis Wels mit Bart!

Seit Stunden sitze ich schon hier,
ganz fasziniert, und denke mir:
Das ist wahre Schönheit pur,
hervorgebracht durch die Natur.
Ich fühle mich als Mensch ganz klein
und weiß: Da muss ein Schöpfer sein!

Lehrgeld

Das Zebra sprach zum Fohlen:
„Ich geh mal Futter holen.
Bleibe du an diesem Fleck!
Laufe nicht alleine weg!"

Kaum ist seine Mama fort,
rennt das Fohlen von dem Ort
weg und hin zu den Giraffen,
um die Riesen zu begaffen.

Diese fühlen sich gestört
und sind mehr und mehr empört.
„Wir haben dich nicht hergebeten!",
rufen sie - und treten.

Mit blauem Fleck und voller Schreck
läuft unser Fohlen eilig weg.
Es hat sich unerlaubt entfernt
und wieder einmal was gelernt.

Nachwuchs bei den Schopfmangaben

Es war dereinst in Rheine,
wo's einen Zoo auch gibt.
Bei uns und unsern Kindern
war dieser sehr beliebt.

Wir fuhren mit dem Buggy,
da saß der Jüngste drin
und lächelte ganz lucky
zu den Mangaben hin.

Sie heißen Schopfmangaben,
um ganz genau zu sein.
Der Haarschopf, den sie tragen,
steht hoch, sehr schick und fein.

Genau wie diese Affen
war unser Kind frisiert.
Und alle Schopfmangaben,
die haben's registriert.

Die ganze Affentruppe,
sie stürmte schnell heran,
und jeder aus der Gruppe
wollt' unsren kleinen Mann.

Sie wollten ihn behalten,
den süßen, kleinen Fratz.
Das sagte ihr Verhalten.
Doch er war unser Schatz.

So mussten die Mangaben
es schließlich akzeptier'n:
Das Kind im Kinderwagen,
es war nicht eins der ihr'n.

Der Ententeich

Im Zoo ist auch ein großer Teich.
Eider-, Stock- und Mandarin-
Enten paddeln froh darin.
Ich seh‘ von Fröschen auch den Laich.

Da gibt es keine Sensationen.
Spitze Zähne, Krallen, Klauen,
Jagen, Flüchten, Sichverhauen:
nicht bei den Tieren, die hier wohnen.

Sie genießen Ruhe und Frieden.
Mag sein, dass wir sie deshalb lieben.